Engagierte Gemeinschaften

für Unabhängigkeit, Qualität und gesellschaftliche Innovation

ZdK, taz, Greenpeace energy (Hrsg.)

Liebe Leserinnen und Leser,

das Image der Genossenschaft hat sich gewandelt wie das Ansehen des Versandhandels: Galten Katalogkäufe vor Jahren noch als umständlich, unwirtschaftlich und altmodisch, ist das individuelle Home-Shopping im „Ebay"-Zeitalter wieder zeitgemäß und praktisch in Mode gekommen.

Auch das Genossenschaftswesen gilt zu unrecht als Relikt der Vergangenheit. Die Idee der Genossenschaft ist zwar bereits mehr als 150 Jahre alt, aber junge Genossenschaften sorgen längst wieder für gesellschaftliche Innovation und liefern hochwertige Produkte wie sauberen Strom, ökologische Lebensmittel oder eine unabhängige Tageszeitung. Wo die Kunden gleichzeitig Eigentümer sind, ist nicht nur die Qualität der Produkte garantiert; auch das solidarische und wirtschaftlich vernünftige Handeln kann hier leichter in die Waage gebracht werden. Aktuelle Beispiele wie „Greenpeace energy" oder die „taz" zeigen, dass Genossenschaften mit ihren partnerschaftlichen Wertegemeinschaften viele gesellschaftlich sinnvolle Ziele wie Transparenz, Verbraucherfreundlichkeit oder Pressefreiheit verfolgen können – und dabei trotzdem durchaus wettbewerbsfähige und erfolgreiche Unternehmen sind.

In dieser Broschüre möchten wir Ihnen das Modell „Genossenschaft" an unterschiedlichen Unternehmensbeispielen einmal genauer vorstellen. Wie Sie sehen werden, ist die Geschichte und Gegenwart der Konsumgenossenschaften voller Überraschungen. So wurde zum Beispiel die bunte „Pace-Fahne", bekannt geworden in Irakkriegszeiten, schon 1925 vom „Internationalen Genossenschaftsbund" als Symbol der bunten Genossenschaftswelt entworfen. Hätten Sie´s gewusst?

Die HerausgeberInnen

Engagierte Gemeinschaften

nach einer Radiosendung im Deutschlandradio Kultur – Zeitreisen vom 14.12.2005

Von Detlef Grumbach

Gute Qualität zu fairen Preisen

Wo Verkäufer auch Käufer sind, macht Betrug am Kunden keinen Sinn

Wer glaubt, die Fleischskandale dieser Tage seien ein Phänomen unserer Zeit, irrt. Schon im Sommer 1919 löste ein zerborstenes Fass mit Tierkadavern in Hamburg schwere Unruhen aus: Die zusammengelaufene Menge vermutete, der Inhalt des Fasses solle in der nahe gelegenen Sülzefabrik zu Lebensmittel verarbeitet werden – zumal sich auf dem Fabrikgelände schnell weitere Kadaver von Hunden, Katzen und Ratten finden ließen. Zwar stellte sich später heraus, dass die Tierkörper lediglich für eine Leimfabrikation gebraucht wurden, aber einmal auf die Spur gesetzt, durchsuchten die empörten Hamburger in den nächsten Tagen weitere Fabriken und fanden dort zahlreiche Anzeichen für „Fleischpanschereien".

Dr. Burchard Bösche, Vorstand ZdK

Burchard Bösche, Vorstand des 1903 gegründeten *Zentralverbands deutscher Konsumgenossenschaften (ZdK)*, erinnert gerne an die Hamburger Sülzeunruhen von 1919, wenn er das genossenschaftliche Prinzip erklären will: „Diese Auseinandersetzung ging so weit, dass es zahlreiche Tote gegeben hat", erinnert er. „Und übrigens waren sie später der Auslöser für Hygieneinspektionen in Lebensmittelbetrieben. Bei den Konsumgenossenschaften waren die natürlich nicht nötig, weil sie im Interesse ihrer Mitglieder selbst

Verteilungsstelle der Konsumgenossenschaft Berlin

darauf geachtet haben. Käufer und Verkäufer bilden eine Einheit. Der Verkäufer hat kein Interesse daran, schlechte Produkte zu liefern, weil er sie ja selbst kauft."

So sind die Konsumgenossenschaften Pioniere der Lebensmittelgroßproduktion geworden, beispielsweise der Konservenproduktion im industriellen Maßstab. Ein Prinzip, versichert Bösche, gilt bis heute: „Die Konsumgenossenschaften haben keineswegs das Ziel, unbedingt billige Lebensmittel zu liefern. Im Vordergrund steht immer, eine gute Qualität zu einem fairen Preis anzubieten."

Essen ist gut, Kontrolle ist besser

Das Beispiel „Landwege“ Lübeck

Gemüseangebot der EVG Landwege im Geschäft Werkshof

Als im April 1986 in der Ukraine ein Atomreaktor explodiert, kennt die Katastrophe bald keine Grenzen mehr: Mit der radioaktiven Wolke zieht auch die Erkenntnis gen Westen, dass Lebensmittel aus nicht-kontrolliertem Anbau auf Jahre hinaus eine Gefahr sein können. Eine der größten Umweltkatastrophen der Nachkriegszeit, so Aufsichtsratsmitglied Bernd Wulf, gab den Anstoß, die *Erzeuger- und Verbrauchergemeinschaft (EVG) Landwege* in Lübeck zu gründen: „Die Zeit war reif. Es hat schon vorher Bio-Betriebe gegeben, wenn auch sehr wenige. So gab es schon ein Angebot, das nach der entsprechenden Nachfrage suchte. Dann passierte der Reaktorunfall in Tschernobyl. Da haben sich in Lübeck viele Eltern gefragt: ‚*Was geben wir uns, was geben wir unseren Kindern zu essen, ohne uns gesundheitlich zu schädigen?*'" Erzeuger und Verbraucher kamen zusammen – organisierten sich 1988 zuerst in einem Verein, später in der Genossenschaft. „Wir haben das Ziel, unsere Kunden mit hochwertigen Produkten zu versorgen, und das zu günstigen Konditionen. Darüber hinaus fördern wir den ökologischen Landbau in der Region. Das ist vielen unserer Kunden auch wichtig, denn zu guter Qualität gehören auch die kurzen Wege, die Frische. Beide Ziele können wir gerade als Genossenschaft sehr gut verfolgen, weil wir als Genossenschaft nicht verpflichtet sind, größtmöglichen Gewinn zu erzielen, sondern unser Hauptziel ist es, zum Nutzen unserer Mitglieder tätig zu sein."

Bernd Wulf

Gemeinsame Ideen, gemeinsames Engagement – mit diesem Kapital haben die Genossenschaften einst begonnen, und mit diesem Kapital haben sie, so die Überzeugung von Bernd Wulf, auch eine Zukunft. „Unsere Stärke ist, dass wir unser Geschäft gemeinsam organisieren. Die Gemeinschaftlichkeit hat eine ganz große Bedeutung, und die Gemeinschaftlichkeit wirkt auch nach außen. Also jeder, der hier arbeitet und das Prinzip verstanden hat, der strahlt eine Idee aus, die stimmig ist." Ökologie ist so eine Idee. Die *EVG Landwege* hat ihre Arbeit in einer Garage angefangen, aus der heraus das von den Bauern angelieferte Obst und

Gemüse verteilt wurde. „Da gab's Bestellgruppen, und in jedem Stadtteil gab es einen Haushalt, wo die Ware angeliefert wurde. Dort ging man also einmal in der Woche hin und holte sich seinen persönlichen Bedarf ab. Das war eine hochkommunikative Situation. Da sind ganz feste Bindungen entstanden. Jede Woche hat man sich einmal an der Haustür getroffen und auch ein bisschen miteinander geredet. Und jeder wusste: Nächste Woche kommt man wieder." Aus der Garage zog die Genossenschaft in eine Lagerhalle, dann in ein kleines Ladengeschäft in einem alternativen Stadtteilzentrum, und heute betreibt sie zusätzlich einen großen Öko-Supermarkt am Rand der Lübecker Altstadt. Eine solche Expansion kostet auch Geld – und die Auflagen der Banken sind streng! „Als wir in den Mietverhandlungen für dieses Ladenlokal standen, war die Finanzierung noch nicht gesichert." Nicht ohne Stolz berichtet Bernd Wulf, wie die Genossenschaft das Problem lösen konnte: „So haben wir ein befristetes Rücktrittsrecht vereinbart und die Zeit genutzt, um unter den Mitgliedern für Bürgschaften zu werben. Wir brauchten damals eine Bürgschaft über 250.000 DM. Die haben wir in 5.000er-Portionen gestückelt, und in zwei Monaten hatten wir sie zusammen."

oben:
Eingangsbereich in das Geschäft im Werkhof

unten:
Außenansicht des Supermarktes am Brink

Vom Sparverein zum Stromversorger

Genossenschaften:
Innovatives Modell für Verbraucher

u.a. Philipp Scheidemann und Friedrich Ebert (1919)

„Die Unternehmensform ist eigentlich ein Kind der Not", daran erinnert Robert Werner von *Greenpeace energy*, „aus der Not heraus haben sich Menschen im 19. Jahrhundert zusammengetan und Gemeinschaften gebildet. Wir haben nun zwar keinen Notstand festgestellt bei der Gründung von

Bonzen vor Konsumladen

– lange bevor anderenorts darüber nachgedacht wurde – die betriebliche Altersversorgung. Dass die Fleischwarenproduktion der Hamburger *Pro* während des Ersten Weltkriegs viel Geld mit der Belieferung der Fronten verdient hat, gehört allerdings auch zur Geschichte. Immerhin wurden die Überschüsse aus diesem Geschäft nicht ausgeschüttet, sondern in ein Kindererholungsheim an der Ostsee investiert. Das Haus existiert noch heute – als Seniorenerholungsheim der Pro-Stiftung.

Dass Konsumgenossenschaften in die Produktion einsteigen, hat sich bis heute nicht geändert. *Greenpeace energy*, die Konsumgenossenschaft für sauberen Strom, ist längst auch in die Energiegewinnung eingestiegen; plant, baut und betreibt Fotovoltaik-, Windkraft- und Wasserkraftanlagen. In der *Erzeuger- und Verbrauchergemeinschaft Landwege* treffen sich die Interessen von Bauern und Kunden, und in der *taz-Genossenschaft* sitzen die technischen Hersteller, die Redaktion und die Leser an einem Tisch, um das Erscheinen ihrer unabhängigen Tageszeitung zu sichern.

Atomkraft? Nein danke!

Das Beispiel „Greenpeace energy"

Windkraftanlage

„Es ist sehr wichtig, dass Mitglieder einer Genossenschaft so etwas wie einen *Community-Gedanken* verspüren", so Robert Werner, Vorstand der 1999 gegründeten Genossenschaft *Greenpeace energy*, einen *Spirit*, wie die Amerikaner sagen. „Dieser *Spirit* schafft Identifikation. Und das ist die Grundlage für die genossenschaftliche Arbeit." Werner hat gut reden. Sein Geschäft, die Versorgung von Verbrauchern mit sauberem Strom, liegt im

GREENPEACE energy

Strom, der es mir wert ist

Trend der Zeit. Bei immer mehr Leuten wird es geradezu schick, dabei zu sein, mitzumachen, politische Ziele wenigstens erst einmal für sich selbst zu realisieren. „Mitglieder und Kunden bekommen regelmäßig Informationen. Wir sind extrem transparent. Nicht nur, was die Zusammensetzung unseres

Werbung Greenpeace energy

Stroms angeht, also unseres eigentlichen Produkts. Das Mitglied erfährt, wo wir unseren Strom einkaufen und die Zusammensetzung des Preises." Über das Produkt hinaus, und das verbindet *Greenpeace energy* mit anderen in den letzten Jahren gegründeten Genossenschaften, liefert das Unternehmen auch so etwas wie Teilhabe an politischem Engagement: „Dazu kommt, dass wir nicht nur Strom verkaufen: Wir sind auch politisch aktiv. Wir haben sehr um die Stromkennzeichnung gekämpft, und das gefällt den Mitgliedern. Die wollen nicht nur einen wirtschaftlichen Vorteil sehen, sondern die wollen auch, dass die Leute, die hier arbeiten, aktiv sind, dass sie auf der politischen Bühne und auch in den Medien präsent sind."

Robert Werner, Vorstand

Dass Greenpeace energy als Genossenschaft gegründet wurde, hat auch mit der Struktur der Energiewirtschaft in Deutschland zu tun. „Das erste Problem im Strommarkt ist die Monopolsituation der Netzbetreiber, die zugleich den Strom produzieren", so Robert Werner. „Das hat sich im Prinzip auch nach der Liberalisierung der Märkte nicht geändert. Über 85 Prozent der Produktionskapazitäten sind in den Händen von vier Unternehmen. Die Liberalisierung der Strommärkte Ende der neunziger Jahre hatte da das Ziel, dem Verbraucher eine Wahlmöglichkeit zu geben. Und das zweite Problem ist, dass sich bei Aktiengesellschaften – und die meisten Stromkonzerne sind Aktiengesellschaften – die Interessen der Anleger und der Kunden widersprechen. Der Anleger, der Aktionär, der Eigentümer will eine möglichst hohe Rendite. Dafür muss er hohe Preise vom Kunden verlangen. Der Kunde hingegen möchte niedrige Preise zahlen und in der Regel sauberen Strom beziehen. Auf der einen Seite wollten wir mit Greenpeace energy deshalb nach dreißig Jahren der Forderung nach dem Atomausstieg den Beweis liefern, dass man das auch tatsächlich realisieren kann. Auf der anderen Seite wollten wir ein verbraucherfreundliches Modell schaffen, bei dem die Kunden gleichzeitig Eigentümer sind. Und da blieb als beste Unternehmensform die Genossenschaft."

Der Consum-Verein

Mit Markenheftchen und Registrierkasse fing alles an

So breit gefächert die Betätigungsfelder von Genossenschaften heute auch sind, die Organisationen entstanden Mitte des 19. Jahrhunderts im Kernbereich des Konsums. Denn hier wurden die Arbeiter, die schon in den Manufakturen und Fabriken ausgebeutet wurden, oft genug auch noch um den schmalen Ertrag ihrer Arbeit betrogen. Bei den Krämern wurde falsch gewogen, wurde dem Mehl Gips beigefügt, wurde gemahlener Kaffee mit Sand gestreckt und Milch mit Wasser. Krämer, die die Rechnungen auch noch anschreiben ließen, machten ihre Kundschaft abhängig. Neben den Gewerkschaften gründeten Arbeiter deshalb die ersten Konsumgenossenschaften. Mit ihren Genossenschaftsanteilen gaben die Mitglieder ihrem eigenen Unternehmen billiges Geld, damit es überhaupt wirtschaften konnte. Kaufen durften zunächst aber nur die Mitglieder. Weil es aber nicht darum ging, dass das Unternehmen Gewinn machte, wurde die sogenannte Rückvergütung eingeführt. Wenn am Ende des Geschäftsjahrs ein Überschuss in der Kasse war, wurde den Mitgliedern ein Teil des Umsatzes rückvergütet. Auch heute noch keine steuerpflichtige Gewinnausschüttung auf eingezahltes Kapital also, sondern ein nachträglicher Preisnachlass auf getätigte Einkäufe. Die Waage als Zeichen für korrekte Angebote, die Registrierkasse als Hinweis dafür, dass nicht angeschrieben wurde, und die Umsatzmarkenhefte als Belege für die Rückvergütung symbolisieren deshalb wichtige Grundsätze der Konsumgenossenschaften.

Geschichte bunt und vielfältig

Die Pacefahne als Symbol der internationalen Genossenschaftsbewegung

Die Regenbogenfahne: seit 1922 Symbol der Bewegung

Versammelt hat sich die internationale Genossenschaftsbewegung zu Beginn des zwanzigsten Jahrhunderts unter der Regenbogenfahne. Vor allem in Italien ist sie noch im Bewusstsein verankert. Die Regenbogenfahnen, die während des Golfkriegs mit der Aufschrift „Pace“ an vielen Orten für Frieden warben, hatten hier ihren Ursprung, kamen aus der italienischen Genossenschaftsbewegung. Begonnen hatte aber alles in England: „Tatsächlich waren die Engländer ja auch die Vorreiter in der Industrialisierung“, erklärt Burchard Bösche, „und die Konsumgenossenschaften sind ein Kind der Industrialisierung.“ Das Vorbild für alle Konsumgenossenschaften ist die *Genossenschaft der redlichen Pioniere* von Rochdale/Manchester. Der erste Laden, den die Rochdaler am 21. Dezember 1844 eröffnet haben, existiert noch heute und dient als Museum. Noch heute gültig sind aber auch die Leitgedanken der Genossenschaft, die damals formuliert wurden:

Die ehrbaren Pioniere von Rochdale

- Jedes Mitglied hat eine Stimme, unabhängig von der Höhe der Einzahlung;
- jedermann kann der Genossenschaft jederzeit zu den gleichen Bedingungen beitreten wie die bisherigen Mitglieder;
- Verkauf zu Tagespreisen nur gegen Barzahlung;
- je mehr ein Mitglied bei der Genossenschaft kauft, um so größer soll seine Beteiligung am Überschuss sein;
- Lieferung unverfälschter Ware mit vollem Gewicht;
- politische und religiöse Neutralität;
- Gleichberechtigung von Mann und Frau;
- Bildungsveranstaltungen für die Genossenschaftsmitglieder.

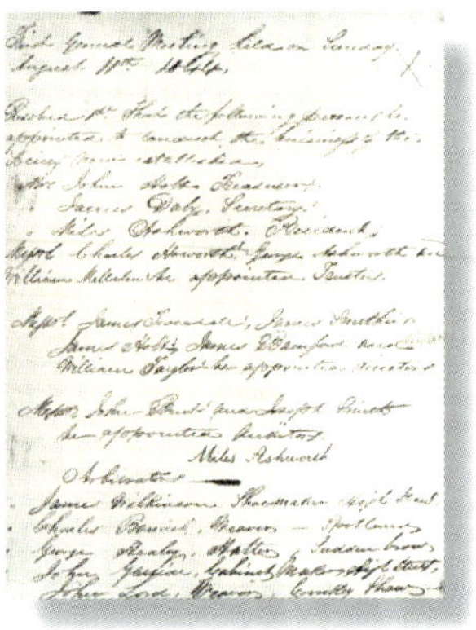

Erste Seite des Protokollbuches der Rochdaler Pioniergesellschaft

In Deutschland gründete sich die erste dauerhafte Konsumgenossenschaft 1850. Am 12. Juli dieses Jahres schlossen sich Bürger im sächsischen Eilenburg zur *Lebensmittel-Association zu Eilenburg* zusammen. Bald waren es schon knapp 300 Mitglieder, die einen Geschäftsanteil in Höhe von zehn Silbergroschen dafür zahlten, dass sie „wohlfeile Lebensmittel" in eigener Regie beschaffen konnten. Die Reaktion erfolgte prompt. Die örtlichen Händler gingen sofort in die Gegenoffensive und wandten sich an den Magistrat der Stadt: „Eine sich hier gebildete Assoziation, die sich hauptsächlich auf Colonialwaren bezieht, droht uns zu verderben, um so mehr, da für dieselbe nicht allein mündlich, sondern auch durch die hiesigen Lokalblätter, in der Stadt und auf dem Lande geworben wird." Doch bewirken konnte der Protest nicht viel. Innerhalb eines Jahres zählte die Genossenschaft in dem Städtchen mit rund 10.000 Einwohnern schon etwa 700 Mitglieder. Nach ziemlichen Kämpfen in den Anfangsjahren, nach der Zerstörung in der Nazizeit und der Neugründung in der sowjetisch besetzten Zone überstand sie auch die Wende 1989 und existiert noch heute als Konsumgenossenschaft Sachsen-Nord. „Wir sind stolz auf den historischen Standort Eilenburg", erklärt Vorstandssprecherin Gabriele Grismajer der Leipziger Volkszeitung zum 155. Geburtstag der Genossenschaft, „aber wir sehen nicht so alt aus wie wir sind." Doch die Genossenschaft muss kämpfen – um neue Mitglieder und Kunden. Die Alten bleiben ihr treu,

Laden der Lebensmittelassociation in Eilenburg

Anschläge von Nationalsozialisten gegen Konsumvereinsläden republikweit

Die erste Verkaufsstelle der „Produktion", Großneumarkt 17, eröffnet am 17. Juli 1899.

Handgranatenanschlag auf die KG Lübeck

Wiederaufbau bei der KG Wilhelmshaven

und den Jungen, so Gabriele Grismajer, will man entgegen einer modernen Geiz-ist-geil-Mentalität das Bewusstsein vermitteln, „dass sie beim Kauf unserer Produkte auch etwas für Arbeitsplätze in der Region tun – im Konsum und in den Zulieferbetrieben".

Seit den fünfziger Jahren des 19. Jahrhunderts gründeten sich in ganz Deutschland viele weitere Genossenschaften. Sie hießen *Produktion* oder kurz: *Pro*, *Ermunterung* oder *Eintracht und Kraft*. Sie hatten eigene Geschäfte und handelten mit einem vollwertigen Sortiment, oder sie boten punktuell etwas sehr Spezielles an. Wie der *Ulmer Konsumverein*: Der verkaufte seinen Mitgliedern einmal in der Woche, mittwochs von zwei bis fünf Uhr in der *Mohrenapotheke,* roten und weißen Wein. Die Konsumgenossenschaften schlossen sich zu Einkaufsgemeinschaften zusammen und bildeten im Jahr 1903 einen Zentralverband. Aber sie betreuten ihre Mitglieder auch in sozialen, kulturellen und finanziellen Belangen. Burchard Bösche erinnert daran, dass viele Genossenschaften als *Spar- und Konsumgenossenschaften* gegründet wurden, oder, wie die Hamburger *Pro*, als *Konsum-, Bau und Sparverein*. Wie Genossenschaften ihren Mitgliedern geholfen haben, besser mit ihrem knappen Geld über die Runden zu kommen, zeigt er an der „Kohlensparkarte" der Hamburger *Pro:* „Diese Kohlensparkarte hat den Sinn, dass die Menschen im Sommer Geld zurücklegen für den Winter, um dann Kohlen kaufen zu können. Da wurden regelmäßig Marken gekauft und in die Kohlensparkarte eingeklebt, und wenn im Herbst die Kohlen von der *Pro* geliefert wurden, konnte man sie mit der Kohlensparkarte bezahlen." Eine ähnliche Funktion hatte auch die jährliche Verteilung der Überschüsse: „Die Rückvergütungsquote bei der Pro lag ungefähr bei 5 Prozent des Umsatzes. Sie wurde, und das war kein Zufall, ausgezahlt im beginnenden Herbst, denn sie diente unter anderem dazu, die Kartoffeln für den Winter zu finanzieren."

Konsum-, Bau- und Sparverein „Produktion"
e. G. m. b. H.
Zentrale: Hamburg 35, Louisenweg 40.
Kohlenläger:
Hammerbrook: Sachsenstraße 14/16.
Barmbeck: Alter Teichweg 29/31.

Kohlensparkarte

für ....

Mitglieds-Nr. ....

Adresse: Stadtteil: ....

Straße: .... Nr. ....

Verkaufsstelle / Zweigstelle Nr. ....

Bezirk: ....

Bestell- oder Lieferschein Nr. ....

In diese Karte können nur Kohlensparmarken des Konsum-, Bau- und Sparvereins „Produktion", e. G. m. b. H., im Werte von 1 RM geklebt werden, die in unseren Verkaufsstellen, Sparkassen-Zweigstellen und bei unseren Vertrauensleuten zu haben sind.
Die Karte bleibt Eigentum des Vereins; sie kann jederzeit bei Bestellung von Feurungsmaterial zum Nennwert der eingeklebten Marken in Zahlung gegeben werden.
Bestellungen auf Hauslieferungen nehmen unsere Verkaufsstellen und Sparkassen-Zweigstellen entgegen.
Unsere Lagerhalter sind nicht berechtigt, gegen Kohlensparkarten bares Geld oder Waren zu verabreichen.
Nur Feurungsmaterial kann hiergegen bezogen werden.

Über hundert Jahre Geschichte seiner Genossenschaft hält Bernd Hupel in den Händen, wenn er in seinem Büro sitzt und mit Stolz in dem über alle Umbrüche hinweg erhaltenen Mitgliederbuch seiner Konsumgenossenschaft

Markt Eilenburg Ost in der Wendezeit Konsum Sachsen-Nord eG

Modernes Geschäft Konsum Sachsen-Nord eG

blättert: „Die erste Eintragung ist vom 28. Januar 1903. An diesem Tage sind knapp 100 Genossen in die Liste der Mitglieder eingetragen worden. An diesem Tag muss also in Osterburg die Gründungsversammlung stattgefunden haben." Seehausen in der Altmark zeigt sich heute als ein schön restauriertes Städtchen in einem Fleckchen Erde, das bis 1990 ziemlich im Abseits lag: eingeklemmt in dem kleinen Zipfel Land südlich von Wittenberge zwischen Elbe und deutsch-deutscher Grenze. Hier, im Landkreis Stendal, ist heute der Hauptsitz der Genossenschaft, die im benachbarten Osterburg gegründet wurde. Hupel, der mit seinen 65 Jahren heute im Vorstand der Genossenschaft die Verantwortung trägt, ist seit den fünfziger Jahren dabei. Er blättert sich weiter durch die Jahre: „Da sind vor allem viele kleine Leute dabei. Hier ein Zimmermann, da ein Arbeiter, ein Maurer, ein Ackerbürger. Wieder einfach nur Arbeiter. Das ist alles in Deutsch geschrieben, in Sütterlinhandschrift." Die Eintragungen sind ziemlich vollständig, wie sollte es anders sein. Nur nach 1937 sind etliche Seiten rausgeschnitten. „Als wollte man hier während der Nazizeit die Mitgliedschaft in der Genossenschaft nicht dokumentieren", vermutet Hupel, „so sieht das heute jedenfalls aus."

Wie der Magnet des Profits arbeitet.

Die Konsumgenossenschaften, anders als Wohnungsbau- oder landwirtschaftliche Genossenschaften, waren den Nationalsozialisten ein Dorn im Auge. Sie galten wegen ihrer Verwurzelung in der Arbeiterbewegung als die „roten" Genossenschaften. So beschränkten die Nationalsozialisten zunächst die Möglichkeit der Rückvergütung, also den nachträglichen Preisnachlass auf 3 Prozent der getätigten Einkäufe. Damit wurde eine Mitgliedschaft in einer Genossenschaft weniger interessant. Im Februar 1941 wurden die Genossenschaften dann zwangsweise aufgelöst und ihr Eigentum in das nationalsozialistische *Gemeinschaftswerk der Deutschen Arbeitsfront* überführt.

Die erste Verteilungsstelle der ehrbaren Pioniere von Rochdale

Erst nach dem Sieg der alliierten Truppen über Hitler-Deutschland standen auch die Konsumgenossenschaften auf aus den Ruinen. Zuerst bekamen sie in der sowjetischen Besatzungszone ihr altes Eigentum zurück und auch zentrale Aufgaben in der Versorgung der Bevölkerung. Am 18. Dezember 1945 ordnete der „Oberste Chef der Sowjetischen Militäradministration" die „Wiederherstellung der Konsumgenossenschaften in der sowjetischen Besatzungszone" an. In den Westzonen organisierten sich die Genossenschaften 1946 neu. In den folgenden Jahren wurde auch die Beschränkung aufgehoben, dass die Konsumgenossenschaften nur an ihre Mitglieder verkaufen durften. Jetzt stand der Konsum allen offen.

Laden Nr. 12 der Hamburger Pro

Miteinander geht es besser (1954)

Miteinander geht es besser, miteinander geht's uns gut,
miteinander geht es besser, mit dem Konsum geht's uns gut.
Miteinander geht es besser und wir kommen besser aus,
wer in Konsum kauft ist andern, ja ist anderen weit voraus.

Viele Trauben geben erst den Wein, viele Blumen erst den Strauß,
viele Strahlen geben erst den Sonnen schein, viele Steine erst ein Haus.
Was an großen Dingen auch entstand, keiner schuf es je allein,
immer wirkten viele Hand in Hand, miteinander im Verein.

Miteinander geht es besser, miteinander geht's uns gut,
miteinander geht es besser, mit dem Konsum geht's uns gut.
Miteinander geht es besser und wir kommen besser aus,
wer in Konsum kauft, ist andern, ja ist anderen weit voraus.

Wo man miteinander lebt und schafft, bei der Arbeit und beim Spiel,
da erreicht man mit vereinter Kraft, ja viel besser jedes Ziel.
Eines Tages bist auch du soweit, und kommst selber zu dem Schluss,
dass es miteinander jeder Zeit, ja viel besser gehen muss.

Konsum-Lied (West, 1954)

Erster Selbstbedienungsladen in der Bundesrepublik in Hamburg

1949 eröffnete die Hamburger *Pro* den ersten Selbstbedienungsladen in der Bundesrepublik Deutschland – Genossenschaften blieben in der Innovation ganz vorn. In der Bundesrepublik endete jedoch ein großer Teil der Konsumgenossenschaften in einem Fiasko, das mit der Überführung vieler Genossenschaften in die *coop AG*, in eine Aktiengesellschaft also, verbunden war. Geschwächt durch die Drangsalierungen in der Nazizeit, durch die weiter geltenden gesetzlichen Behinderungen des Rabattgesetzes und gehetzt durch die entstehenden großen Filialketten und Discounter, hofften sie auf den Erwerb von neuem Eigenkapital durch den Verkauf von Aktien. Aber aus kranken Genossenschaften wurden keine gesunden AGs. Hinzu kam, dass dramatische

Heimsparkassen Heinzelmännchen

Skandale und Misswirtschaft die AG erschütterten. Am Ende wurden die Geschäfte zum großen Teil an die *Metro* verkauft. Ähnlich ging es der *Volksfürsorge*. Sie ist heute eine Tochter des international agierenden *Generali*-Konzerns. Übrig blieben kleine unabhängige Konsumgenossenschaften, aber auch einzelne größere Verbände wie die *coop Schleswig-Holstein*, die, seit Jahrzehnten erfolgreich, heute ein weit über die Landesgrenzen hinaus geknüpftes Netz von Läden betreibt. In der DDR entwickelten sich nach strenger Maßgabe der sozialistischen Planwirtschaft die Landwirtschaftlichen Produktionsgenossenschaften LPG, die Produktionsgenossenschaften Handwerk PGH und – neben dem staatlichen Handel HO – auch die Konsumgenossenschaften. Diese agierten vor allem in den ländlichen Gebieten und trieben weit mehr als Handel. „Es war ja generell die Tendenz", so Bernd Hupel, „nahe des Wohnorts auch Arbeitsplätze zu schaffen oder zu erhalten. Und es ging auch darum, die Menschen nahe ihres Wohnortes zu versorgen, nicht nur mit Lebensmitteln und anderen Dingen des alltäglichen Bedarfs. Deshalb hat sich die Genossenschaft auch um Kulturarbeit bemüht. Sie hatte eine eigene Sängergruppe, hat sich auch bemüht, Wohnraum für Mitarbeiter zu schaffen, hat Kinderferienlager durchgeführt und Reisen mit den Mitarbeitern veranstaltet."

Geiz ist geil?

Das Beispiel „Konsumgenossenschaft Seehausen"

In der DDR teilten sich die Konsumgenossenschaften den Markt mit dem staatlichen Handel. Die Genossenschaften waren eher auf dem Land aktiv, die HO eher in den Städten. Aber sie konkurrierten auch miteinander. Bernd Hupel ist Genossenschaftler seit den fünfziger Jahren, er hat die *Konsumgenossenschaft Seehausen* über die Wende hinweg geführt und blickt heute sehr zwiespältig in die Zukunft: „Das kommt auf die Ziele an, die die Genossenschaften haben. In einer Wohnungsbaugenossenschaft sind die recht konkret. Wer in die Wohnung einziehen will, muss in die Genossenschaft. In der Landwirtschaft lassen sich die genossenschaftlichen Ziele auch noch besser abgrenzen als gerade im Handel." Die *Konsumgenossenschaft Seehausen* dagegen kann nichts anbieten, was es nicht in jedem anderen Supermarkt auch gibt. „Da konzentriert sich heute fast alles auf Rendite und auf Preis. *Im Konsum kaufen kluge Kunden,* so eine Parole ist schwer zu vermitteln, wenn nur noch der Preisvergleich mit *Aldi, Neukauf* oder *Lidl* zählt. Etwas anders ist das noch auf dem Land, auf dem Dorf. Da sind die Leute oft auf den einen Laden angewiesen, da geht es um einen Arbeitsplatz. Da gibt es noch diese Verbindung zur Genossenschaft, da helfen die Leute auch mal, ihren Laden neu zu streichen. Aber in der Stadt ist das völlig verschwunden. Da werden nur die Preise verglichen."

Konsument Versandhauskatalog

Heute kaufe ich im Konsum ein

Heute kaufe ich im Konsum ein,
viele frische Eier, ja das ist fein.

Heute kaufe ich im Konsum ein,
einen runden Käse, ja das ist fein.

Heute kaufe ich im Konsum ein,
eine saure Gurke, ja das ist fein.

Heute kaufe ich im Konsum ein,
ein Stück süßen Kuchen, ja das ist fein.

Konsum-Kinderlied (Ost)

Statt Heller und Pfennig

Mitbestimmung, Produktqualität, Unabhängigkeit – Die Rendite einer Genossenschaft ist mit Geld nicht zu bezahlen

Auf den ersten Blick scheint die Idee der Genossenschaften etwas Staub angesetzt zu haben. Jeden Abend vermitteln die Fernsehnachrichten mit Liveberichten von der Frankfurter Börse den Eindruck, ganz Deutschland sei im Aktienfieber. Wie viele Zuschauer jedoch interessiert die aufgeregte Berichterstattung über das tägliche Auf und Nieder der Standardwerte wirklich? 10,8 Millionen Deutsche sind Ende 2005 irgendwie an Aktien oder Aktienfonds beteiligt, wenn auch nur über die vermögenswirksamen Leistungen der Arbeitgeber. 20 Millionen Deutsche sind dagegen Mitglieder von Genossenschaften. Den größten Anteil davon stellen die Genossenschaftsbanken mit etwa 15 Millionen Mitgliedern. Danach folgen die Wohnungsbaugenossenschaften mit etwa 3 Millionen, mit je knapp einer Million Mitgliedern die ländlichen Genossenschaften und die Konsumgenossenschaften.

Wir-AG statt ICH-AG

Engagierte Gemeinschaften – Das Prinzip der Genossenschaften

Gerade dort, wo alte Ideen wie die von der Solidarität oder Pressevielfalt, wo aber auch neue Ideen wie Ökologie, gute Ernährung, selbstbestimmtes Leben Platz greifen, wo es also um ganz eigene Interessen geht, geben Genossenschaften heute den wirtschaftlichen Rahmen für Innovation, für eine effektive Verbindung von politischen Zielen und wirtschaftlichem Handeln. Demokratische Strukturen, Mitspracherechte wie im eigenen Haus – das sind große Vorteile der Genossenschaften. Und es gibt keinen Interessengegensatz zwischen Anbietern und Kunden, keine Probleme mit der Kundenbindung, für die woanders, so Burchard Bösche, viel Geld ausgegeben wird: „Überall werden einem jetzt Plastikkärtchen angeboten und irgendwelche Treuepunkte vergeben und Kundenmagazine verteilt und Ähnliches. Das sind alles Versuche, den Kunden nicht nur an der Kasse zu verabschieden, nachdem er bezahlt hat, sondern schon mal dafür zu sorgen, dass er auch wiederkommt." Und die Genossenschaften? Gibt es eine bessere Voraussetzung für „Kundenbindung" als die, dass der Kunde am Geschäft

42.000 Mitglieder bilden eine starke Gemeinschaft, die coop eG, Kiel

beteiligt ist? Gerade traditionelle Genossenschaften stoßen bei der Werbung und Betreuung neuer Mitglieder jedoch auch auf Probleme. Oder sie haben, wie Bernd Hupel in Seehausen, kaum eine Chance dazu, stehen längst mit dem Rücken an der Wand. „Anfang 1990 gab es in Berlin einen Versuch, nicht nur die HO, also den staatlichen Handel zu privatisieren, sondern den *Konsum* gleich mit. Da ist der Verband der Genossenschaften heftig aufgetreten und hat gesagt, die Genossenschaften wurden schon einmal – in der Nazizeit – enteignet. Das macht ihr kein zweites Mal! Da ist das zurückgepfiffen worden." Doch hat das die Konsumgenossenschaft gerettet? Erst hat dann das Angebot im Westen, gleich hinter der niedersächsischen Grenze, gelockt. Dann hat angesichts der Arbeitslosigkeit die Geiz-ist-geil-Mentalität gesiegt. Nicht die Qualität zählt, sondern der Preisvergleich mit Aldi,

Sky-Supermarkt der coop eG, Kiel

Laden Lückstedt der KG Seehausen

Laden Groß Garz der KG Seehausen

Fleischtheke eines Sky-Supermarktes der coop EG

Lidl, Neukauf ... Gerade die Zeit der Wende war wohl die härteste in Bernd Hupels Genossenschaftsleben: „Man will's aufbauen, man will's retten, das Konto ist immer blank. Der Kontokorrentkredit kostet 12 Prozent. Mir hat das Herz manchmal bis zum Hals geschlagen. Ich möchte diese Zeit nicht wieder erleben. Wirklich nicht." Das klingt resigniert, aber immerhin: 8.000 Mitglieder von 13.000 im Jahr 1989 zählt die Genossenschaft heute noch, von 800 Beschäftigten damals arbeiten heute noch 115. 50 Gaststätten hat die Genossenschaft zu DDR-Zeiten betrieben, insgesamt über 200 Objekte. Heute sind es sieben moderne Supermärkte, vier Läden mit Haushaltswaren und Bekleidung, die Feinkostfabrik *Fekoma*, die alles rund um den Hering herstellt, und immerhin noch zehn Dorfläden wie die in Lückstedt oder Boock. Das sind Ansiedlungen mit kaum mehr als 300 Einwohnern. Diese Dorfläden werden aus den Gewinnen der Supermärkte bezuschusst, was keine Supermarktkette heute noch machen würde. Allein dafür lohnte sich die Arbeit der ganzen Genossenschaft, denn wo sollten die meist alten Leute dort sonst einkaufen? Aber ob die *Genossenschaft Seehausen* eine Zukunft hat, ob wieder neue Mitglieder eintreten und die Idee lebendig halten? „Das wird eines Tages neu zu entscheiden sein", meint Bernd Hupel skeptisch und trotzig zugleich: „Also sieben Mitglieder müssen es bleiben."

Keine taz mehr ohne mich

Das Beispiel „taz-Genossenschaft"

„Ich war sehr gut vertraut mit dem Genossenschaftsgedanken", erzählt Hildegard Lüning, die 1991 mit einem Betrag von 10.000 DM in die *taz-Genossenschaft* eingestiegen ist. Sie hatte als Journalistin Pressearbeit für ein Entwicklungshilfewerk gemacht und seit den sechziger Jahren selbst sehr viel aus Lateinamerika berichtet. „Gerade in Lateinamerika entwickelte sich ja so etwas, und besonders die landwirtschaftlichen Genossenschaften lernten aus den europäischen Erfahrungen. Immer, wenn die Möglichkeit einer Landreform da war, schien diese Idee den Leuten Zukunft zu geben. Aber immer, wenn so etwas wirklich anfing zu funktionieren, wurden diese Genossenschaften boykottiert und sabotiert. Sie standen quer zu den Interessen der Großgrundbesitzer." Als dann die *taz* aus ihrer Not heraus eine Genossenschaft wurde, war Hildegard Lüning selbstverständlich dabei: „Ich habe damals beim öffentlich-rechtlichen Rundfunk gearbeitet, in diesen Strukturen, mit den Freiheiten, aber auch den Ausgewogenheiten, mit allem, was dazu gehört. Mir war deshalb aber auch klar, dass es eine Zeitung geben müsse, die eindeutig Partei ergreift für die Schwachen, die den Sprachlosen eine Stimme verleiht." So hat sie vor Kurzem sogar noch einmal 5.000 Euro nachgeschossen. Auf die Bemerkung, dass sie das Geld ja wohl nie wiedersehen würde, lacht sie und

taz-Genossenschaftsteam v.l.n.r.: Irene Scheda, Konny Gellenbeck, Tine Pfeiff, Anita Knierim, Johannes Greiner

die genossenschaft · taz ·

meint: „Nein, das Geld ist ja nicht weg. Das arbeitet ja. Das arbeitet vernünftig, finde ich, und darauf kommt es an.“

Werbeflyer der taz-Genossenschaft

„Das Entscheidende für die *taz* ist die Unabhängigkeit, dass die *taz* nicht abhängig ist von einem Verlag, von einem Konzern, sondern dass sie ihren Lesern gehört. Die *taz* hat die Freiheit, über das zu berichten, was sie wichtig findet.“ So beschreibt Johannes Greiner von der *taz-Genossenschaft* die Situation „seiner“ Zeitung. Seit ihrer Gründung im Jahr 1979 konnte sich das Blatt mehr schlecht als recht durchlavieren. Als nach der deutschen Vereinigung die besonderen Berlinförderungen gestrichen wurden und dann auch noch der Anzeigenmarkt zusammenbrach, wäre die kleine, freche Tageszeitung fast pleite gewesen. „Die *taz* brauchte Geld. Sie stand vor der Entscheidung, sich entweder an einen Verlag wie den *Spiegel* zu verkaufen, oder an die Leser. Also eine Genossenschaft zu werden. Die Mitarbeiter haben sich mit Mehrheit für den Weg der Genossenschaft entschieden, und es haben im ersten Jahr fast 3.000 Menschen Genossenschaftsanteile gezeichnet. Die Genossenschaft ist seitdem die Existenzgrundlage der *taz*. Die Leser der Zeitung sichern ihre Unabhängigkeit.“ Mit mindestens 500 Euro waren im Jahr 2004 immerhin knapp über 500 neue Mitglieder dabei. Über 6.000 Genossinnen und Genossen halten heute mehr als 6 Millionen Euro Kapital. Und wie bei jeder Genossenschaft haben die Mitglieder auch bei der *taz* ganz entscheidende Mitspracherechte: „Die Genossinnen und Genossen können an der jährlichen Generalversammlung teilnehmen und aus ihrer Mitte den Aufsichtsrat wählen“, so steht es in der Satzung. Außerdem beschließen sie, was mit ihren Einlagen passiert. So konnte 1999 zum Beispiel die Entwicklung und Installation eines neuen Redaktionssystems aus Geldern der Genossenschaft finanziert werden.

Verlagshaus der taz in Berlin

„Keine taz mehr – ohne mich!“ – diesen Slogan, mit dessen Hilfe sich die *taz* am eigenen Schopf aus ihren wirtschaftlichen Schwierigkeiten gezogen hat, hat sich auch Hildegard Lüning zu eigen gemacht. „Mir war sofort klar, dass ich etwas tun musste, denn wir brauchten so ein alternatives Presseorgan. Dass ich dann, wenn ich die Gelegenheit habe, meinen Teil dazu tue, war für mich selbstverständlich.“

MitarbeiterInnen der taz-Verlagsgenossenschaft

„Die *taz-Genossenschaft*“, so wirbt die taz in ihrem Prospekt, „ist eine engagierte Gemeinschaft. Wer hier mitmacht, findet eine politische Rendite wichtiger als finanzielle Gewinne. Denn eine Investition in die *taz* ist immer auch ein Engagement für die Pressefreiheit.“ Das Wort Rückvergütung, zu Beginn der Genossenschaftsbewegung noch ein wichtiger Motor für die Entwicklung, ist der *taz-Genossenschaft* ein Fremdwort. Sie wirbt stattdessen mit einer politischen Rendite. Viermal in den vergangenen fünfzehn Jahren hat die Genossenschaft der *taz* das Leben gerettet. Das Geld ist weg, muss sich jeder sagen, der hier investiert. Aber Hildegard Lüning, 69 Jahre alt, hat als Redakteurin beim Süddeutschen Rundfunk nicht schlecht verdient und weiß, dass das Geld sich nicht in Luft auflöst: „Ich persönlich habe nichts mehr davon“, stellt sie souverän fest, „aber ich denke, dass es für die Presselandschaft sehr wichtig ist und dass sowieso Leute, die mehr Geld haben als sie wirklich zum Leben brauchen, dass die teilen sollten.“

taz

Engagierte Gemeinschaften

Genossenschaften –
Die Unternehmensform der Zukunft

Weinsortiment der EVG Landwege im Supermarkt am Brink

Egal ob traditionsreiche Genossenschaften wie das *Konsum Seehausen* oder neue Gründungen wie die *taz*, die *EVG Landwege* oder *Greenpeace energy*: Sie sind nur ausgewählte Beispiele dafür, was für ein Potenzial in der Idee der Genossenschaft steckt, welche Chancen sie haben und mit was für Problemen sie kämpfen. Gerade durch die in jeder Hinsicht medienwirksame Gründung der *taz-Genossenschaft* hat eine alte Idee wieder neuen Glanz bekommen. So produzieren heute Frauen in der Genossinnenschaft *Windfang* sauberen Strom. Sie wollen damit nicht nur ökologisch wirksam werden, sondern auch noch in der männerdominierten Sphäre von Wirtschaft und Technik einen kritischen und alternativen Akzent setzen. Wer sich in Lübeck ein Auto mit anderen Nutzern teilen will, kann Mitglied der Genossenschaft *STATTAUTO Lübeck* werden. In Hamburg und Bremen schließen sich Behinderte zu sogenannten *Assistenzgenossenschaften* zusammen. Sie wollen mit ihren Bedürfnissen nach Assistenz, Unterstützung und Pflege nicht am Ende einer Kette von Behörden und Kostenträgern stehen, sondern am Anfang. Ihre Genossenschaft, also sie selbst stellen Kräfte ein und sorgen dafür, dass die Beziehungen zwischen Klienten und dem Personal stimmen. Sie organisieren die Dienstpläne und rechnen mit den Kostenträgern ab. Und warum sollte ein Programmkino als Genossenschaft nicht auch dort funktionieren, wo ein kommerzieller Kinobetreiber keine realistische Chance wittert?

1991 begann die Geschichte von Windfang

Rückvergütung? In den Anfängen der Genossenschaftsbewegung war der Preisnachlass, der Rabatt, den man im eigenen Unternehmen bekommt, ein wichtiger Anreiz. In vielen Fällen beschließen die Genossinnen und Genossen heute jedoch, Überschüsse im Unternehmen zu lassen und in die Zukunft zu investieren. Oder sie gleichen, wie die *taz-Genossenschaft* es in ihren verschiedenen Existenzkrisen getan hat, aufgelaufene Verluste mit neuen Genossenschaftsanteilen aus. Heute spielt also das, was die *taz* eine „politische Rendite" nennt, eine bedeutsamere Rolle. Für Hildegard Lüning, die schon eine Menge Geld in die Zeitung investiert hat, bedeutet das: „Vor allem, dass die *taz* von einem kleinen, oft auch ideologisch sehr festgezurrten Presseorgan zu einer Tageszeitung geworden ist, die zwar eine klare Haltung und Meinung vertritt, aber doch für viel mehr Menschen lesbar ist. Dass sie in der Öffentlichen Meinung in Deutschland eine große Rolle spielt – weit über ihre noch immer kleine Auflage hinaus. Die *taz* wird zitiert, und sie hat nicht nur immer wieder ganz originelle Ideen, sondern sie bringt auch Dinge, die man woanders einfach nicht lesen kann."

Windfang Genossinnenversammlung

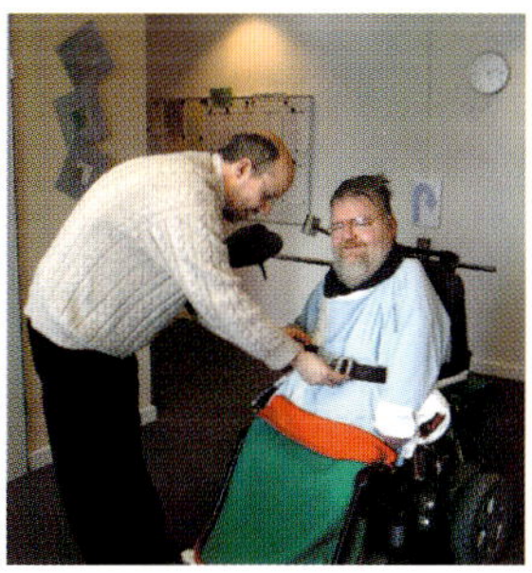

Hamburger-Assistenz-Genossenschaft

Windfang-Mühle in Hamburg-Ochsenwerder

Aufbau der Photovoltaik-Anlage auf dem Dach des Bonner Frauenmuseums

Windfang-Mühle in Hamburg-Ochsenwerder

Die taz würde es heute ohne die Genossenschaft in ihrer jetzigen Form nicht mehr geben. Dass Leser die Existenz ihrer Zeitung sichern, dass Bürger ihre Versorgung mit gesunden Nahrungsmitteln selbst in die Hand nehmen, dass Stromkunden ihren sauberen Strom gemeinsam herstellen – das alles zeigt: Die Idee der Genossenschaft ist genau die richtige, wenn man einen Teil seines Lebens gemeinsam mit anderen souverän und nach seinen eigenen Vorstellungen gestalten will, wenn man politischen, ökologischen oder sozialen Zielen, die im Großen noch nicht durchsetzbar sind, wenigsten im Kleinen ein Stück näher kommen will. „Ich kann mir Genossenschaften vor allem in den Lebensbereichen vorstellen, die kommerzialisiert sind, aber den Kunden mehr oder weniger in einer Abhängigkeit halten", so Robert Werner optimistisch: „Das betrifft auf jeden Fall Bereiche wie Strom, Wasser, Lebensmittel, aber auch Verkehr, wo es ja schon CarSharing-Projekte als Genossenschaft gibt. Die Weiterentwicklung könnten Mobilitätsgenossenschaften sein, die beispielsweise auch mit der Deutschen Bahn oder auch anderen Anbietern darüber verhandeln, wie ihre Mitglieder umweltfreundlich und günstig von A nach B gelangen." Für Burchard Bösche liegt der Vorteil der Genossenschaft sowieso auf der Hand: „Eine Kapitalgesellschaft ist nichts anderes als ein Haufen Geld, und der Sinn des Haufen Gelds ist es, dass er größer wird. Und die Genossenschaft ist eine Ansammlung von Menschen, die gemeinsam wollen, dass es ihnen besser geht. Es ist nicht die Aufgabe von Greenpeace energy, die Einlagen zu vermehren, sondern sauberen Strom zu liefern. Und es ist nicht die Aufgabe der taz-Genossenschaft, möglichst viel Geld aus dem Verlagsgeschäft zu holen, sondern eine anständige Zeitung zu liefern."

Bildnachweise:

Archiv der coop eG, Kiel
S. 33 Foto 1 u. 2, S. 34 Foto 3

Archiv der greenpeace energy eG
S. 15 Foto u. Abb. © Greenpeace energy / oekostrom AG, S. 16 Foto © Greenpeace energy, S. 17 Foto © Fred Dott / Greenpeace energy

Archiv der Erzeuger- und Verbrauchergemeinschaft (EVG) Landwege
S. 8 Foto, S. 10 Foto 1 u. 2, S. 38 Foto

Archiv der Hamburger-Assistenz-Genossenschaft eG
S. 39 Foto 3

Archiv der KG-Seehausen
S. 33 Foto 1 u. 2

Archiv der Konsum-Sachsen Nord eG
S. 24 Foto 1 u. 2

Archiv der Konsumverband eG, Berlin
S. 5 Abb., S. 14 Abb.

Archiv der taz, die tageszeitung
Seite 35 Foto Anja Weber, Seite 36 Seite Werbeflyer Agentur Sehstern
Foto Jan Eric Overkerk, Seite 37 Foto Anja Weber

Archiv der Windfang eG
S. 39 Foto 1 u. 2, S. 40 Foto 1-3

Archiv des Zentralverbandes deutscher Konsumgenossenschaften e.V.
S. 6 Foto Kathrin Tummeley, S. 7 Foto 1, S. 12 Foto 2, S. 13 Foto 1 u. 2, S. 13 Abb., S. 19 Abb., S. 20 Foto u. Abb., S. 21 Abb. u. Fotos, S. 22 Foto 1 u. 2, S. 23 Abb. 1, S. 24 Abb., S. 25 Abb. u. Foto, S. 27 Abb. u. Foto, S. 28 Abb. 1 u. 2, S. 29 Abb. 1 u. 2

Forschungsstelle für Zeitgeschichte Hamburg
Sammlung Dr. Reinhold Bengelsdorf: S. 11 Foto, S. 12 Foto 1,
Sammlung Bernhard Priess: S. 24 Foto

Landesbildstelle Hamburg
Fotoarchiv der Zeitschrift der „Verbraucher": S. 7 Foto 2

Alle anderen Grafiken und Fotos wurden dem Bildarchiv der taz entnommen.